Credit Secret Theory

una guía completa para conocer la teoría de la puntuación de crédito, lo que se necesita para mejorarla; obtenga su préstamo bancario hoy.

John Cash - Credit Score Academy

indirect, which are incurred as a result of the use of information contained within this document, including, but not limited to, — errors, omissions, or inaccuracies.

Introducción

La realidad es que vivimos en una sociedad que casi exige que tengamos algún tipo de crédito, no para salir adelante, sino simplemente para sobrevivir. Cuando no lo tenemos, sufrimos en más de un sentido.

¿Qué mejor razón hay para empezar a arreglar nuestra salud financiera que ésta? Sí, puede ser aterrador, impredecible y estresante, pero aplicando las estrategias descritas en este libro, usted puede encontrar su camino hacia una reparación de crédito exitosa sin el gasto adicional de contratar servicios para hacerlo por usted.

Hay un excelente beneficio en arreglar su crédito usted mismo. No sólo se ahorra un gasto adicional cuando ya está en apuros financieros, sino que se convierte en un experto y juega un papel importante en su propia vida.

Aplicando la información de este libro, tendrá suficientes recursos a su disposición para volver a encarrilar sus finanzas. Dicen que se necesitan tres semanas para adquirir hábitos duraderos. Cuando sea capaz de hacer un presupuesto y vigilar cómo gasta, se dará cuenta rápidamente de que está desarrollando nuevos hábitos.

Esta guía cubrirá todos los consejos y trucos que usted necesita saber para conocer los puntajes de crédito. Usted puede utilizar estas administraciones si usted está preocupado por el fraude al por mayor, o cuando usted está construyendo su perfil de crédito y usted tiene que la pantalla de su avance. Si su requerimiento de puntuación de crédito es fácil, no tiene que dejar de lado los gastos mensuales para pagar una ayuda de observación.

¿Qué es la puntuación de crédito?

La puntuación de crédito es el número que se obtiene tras analizar los registros financieros de una persona, en particular su historial de crédito, para determinar su nivel de solvencia. Es un número que representa lo bien que esa persona maneja todo el dinero que pide prestado. Es el principal factor determinante que utilizan muchas empresas de crédito, junto a las cinco C del crédito (carácter, capacidad, capital, garantía y condiciones). Mientras que este último determina la solvencia de una persona, el primero la interpreta objetivamente.

La mayoría de las empresas utilizan numerosas medidas de evaluación del crédito para valorar la solvencia de sus potenciales prestatarios, pero la puntuación de crédito es la más objetiva de todas. Las puntuaciones de crédito ayudan a muchas instituciones a tomar decisiones financieras y empresariales. Las empresas prestamistas, como las compañías de tarjetas de crédito, los bancos y otras instituciones financieras, utilizan la puntuación de crédito para determinar los posibles riesgos a los que se enfrentarán cuando presten dinero a una persona.

También utilizan esta puntuación para evaluar las posibles pérdidas que podrían experimentar debido a los préstamos impagados y las deudas incobrables. También utilizan esta puntuación para determinar quiénes están cualificados para ser sus prestatarios, la cantidad que les prestarán, los diferentes términos y condiciones que pueden imponer a cada uno de ellos y el tipo de interés que pueden cobrarles.

Por ejemplo, obtener un crédito es la opción de una persona cuando se queda sin efectivo. Puede comprar utilizando una tarjeta de crédito emitida por la empresa prestamista. Sin embargo, la emisión de una tarjeta de crédito requiere muchos pasos, uno de los cuales es la evaluación de su capacidad financiera. La puntuación de crédito ayudará a las empresas prestamistas a determinar si es una persona solvente.

La solvencia es la medida de la posibilidad de que una persona pague sus obligaciones financieras. Otros países, sin embargo, consideran la solvencia como la medida de la posibilidad de que una persona no cumpla con sus obligaciones monetarias.

La solvencia es importante en cuestiones financieras porque las empresas prestamistas también tienen que generar ingresos por prestar dinero. Supongamos que no comprueban la solvencia de cada uno de sus prestatarios. En ese caso, pueden encontrarse en quiebra porque sus prestatarios no tienen dinero o porque ya han abandonado el país. La solvencia sirve para proteger los intereses no sólo de la empresa prestamista, sino también del público.

¿Qué es una buena puntuación de crédito?

El principal documento utilizado por las empresas de crédito para calcular la puntuación de crédito de una persona es el informe de crédito. Contiene varios datos personales y financieros del individuo, como el lugar en el que vive, la forma concreta en la que paga sus facturas, su situación financiera actual (si está en quiebra o es insolvente) y si ha sido demandado para cobrar dinero por préstamos impagados. La obtención de un informe de crédito es gratuita, por lo que antes de que una persona solicite un crédito, debe obtener una copia del mismo. La Fair Credit Reporting Act (FCRA), la ley que regula la presentación de la información crediticia de una persona, exige a todas las empresas o agencias de información crediticia que proporcionen a una persona una copia gratuita de su informe crediticio una vez al año a petición suya.

¿Cuál es la puntuación fico?

Lo ha oído una y otra vez: su puntuación FICO debe ser muy alta para obtener este tipo de crédito, este tipo de interés y este tipo de privilegio. La puntuación FICO es el factor más importante que se interpone entre usted y casi cualquier cosa que desee obtener.

Aunque mucha gente entiende perfectamente el impacto de la puntuación FICO en su crédito, pocas personas, si se les pregunta, podrían decir realmente qué es o cómo se determina. Dado el peso que este número tiene sobre tanta gente, parece sorprendente que más personas no pregunten qué es o qué pueden hacer al respecto. Simplemente aceptan el hecho de que este número tenga tanto poder en sus vidas.

La mayoría de la gente no se da cuenta de que la oficina de crédito que emite sus informes no determina su puntuación, sino que lo hace otra empresa, un tercero llamado Fair, Isaac Corporation (FICO). Ellos sopesan todos los diferentes elementos de su informe de crédito para determinar el número que usted obtiene. Todos los datos recogidos por las agencias de crédito se tienen en cuenta para obtener un número de tres dígitos.

Casi todos los acreedores querrán ver su puntuación FICO antes de decidirse a concederle un crédito. Pero conocer el significado real de los números puede suponer una gran diferencia a la hora de gestionar y recuperar el control de su futuro financiero. A medida que vaya adquiriendo más conocimientos sobre el funcionamiento del sistema, podrá ir ganando en autonomía. Aunque hay otros factores que pesan en la decisión, cualquier persona cuyo objetivo sea mejorar su solvencia debe empezar por la puntuación FICO, ya que casi todas las decisiones crediticias se basan en ella.

Una de las primeras cosas que debe entender es el rango de puntuación para que pueda ver lo que significa realmente su número.

¿Por qué es importante la puntuación Fico?

Esta es probablemente la única nota de la que deberías preocuparte seriamente cuando salgas de la escuela. Es la nota que obtienes por tu estabilidad financiera. Ese único número de tres dígitos le dirá al mundo lo que debe pensar de ti. Pero no es un número que refleje sólo el presente, también es un camino hacia tu futuro. Si algo está mal en tus informes, es tu responsabilidad arreglarlo. Esta es la forma principal y más eficaz de cambiarlo.

Por esta razón, es importante que usted sepa lo que hay en su informe para que pueda corregir cualquier información que sea incorrecta o incompleta. Esto ayudará a aumentar su puntuación. Muy pocas personas tienen una puntuación perfecta de 950, pero usted puede mejorar esa cifra si sabe qué hacer.

La diferencia entre FICO y otras puntuaciones de crédito

El motivo es que las puntuaciones FICO se consideran el estándar a la hora de tomar decisiones justas y precisas sobre la solvencia de una persona.

Ahora bien, existen otras puntuaciones crediticias, y pueden utilizarse en algunas situaciones. Estas otras puntuaciones calcularán el número que le dan de forma diferente a la puntuación FICO. Así que, aunque pueda parecer que algunas de esas otras puntuaciones son similares a lo que vemos con la puntuación FICO, no lo son. Sólo las puntuaciones FICO serán utilizadas por la mayoría de los principales prestamistas a los que usted quiera pedir un préstamo, y aunque las otras pueden ser buenas para controlar su puntuación, si lo desea, la mejor manera de hacerlo es con la puntuación FICO.

Hay diferentes puntuaciones que los prestamistas pueden obtener de las diferentes agencias y la puntuación de una puede no significar lo mismo que la de la otra. Esto es importante porque cuando usted obtiene su puntaje de crédito, es imperativo que usted sepa exactamente lo que significa su número y si usted está en agua caliente o no. Hay diferentes rangos de puntuación de crédito para diferentes prestamistas. Aquí están los más populares:

Rango de puntuación de crédito FICO

Ampliación del rango: 350-850 es el rango de puntuación de crédito. La puntuación de crédito de Fair Isaac Corporation es lo que muchos prestamistas ven cuando miran su informe de crédito.

Esta puntuación es una de las más
utilizadas. La puntuación FICO muestra el
grado de solvencia que tiene usted a los
ojos de los prestamistas.

No hay un solo tipo de puntuación FICO,
ya que se han introducido nuevas
puntuaciones de próxima
generación/NextGen que llegan hasta 950.

Rango de puntuación de crédito Vantage
Score

Ampliación del rango: 501-990. El modelo
de puntuación de crédito Vantage Score
está formado por las 3 principales agencias
de crédito, a saber, TransUnion, Equifax y
Experian.

Cuando usted recibe su puntuación de crédito de una de estas oficinas directamente, lo más probable es que le den esta puntuación Vantage. También se conoce como el modelo Vantage Score 2.0.

Rango de puntuación de crédito Vantage Scores 3.0

Ampliación del rango: 300-850. Este modelo de puntaje crediticio es muy similar al anterior (Modelo Vantage Score 2.0). La única gran diferencia es que el rango es ligeramente mayor para el Rango Vantage Score 3.0, es decir, 300-850.

Rango de puntuación de crédito de Trans Risk

Ampliación del rango: 300-850. Este rango es utilizado por la oficina de crédito Trans Union cuando tratan de precisar su solvencia.

Rango de puntuación de crédito de Equifax

Extensión del rango: 280-850. Este es el rango de puntuación utilizado por la oficina de crédito Equifax, para mostrar lo arriesgado que es prestarle a usted.

Rango de puntuación de crédito de Experian Plus

Extensión del rango: 330-830. Este es utilizado por la oficina de crédito Experian y es la forma en que esa oficina de crédito muestra cuán solvente es usted.

¿Cómo se calcula la puntuación Fico?

Cuando se determina su puntuación FICO, hay que tener en cuenta varios factores. La puntuación real se calcula en función de su orden de importancia.

El 35% se basa en su historial de pagos. Siempre que pague sus facturas a tiempo, esta parte de su puntuación será alta.

El 30% se basa en la cantidad de dinero que debe. Se denomina índice de utilización del crédito. Si bien usted quiere utilizar su crédito, no quiere utilizar el 100% del mismo. Cuando usted está al máximo de su crédito, puede tener un impacto en el nivel de su puntuación. Intenta no gastar más del 30% de tu límite de crédito total para conseguir un equilibrio óptimo.

historial. Cuanto más tiempo haya tenido un crédito, mejor.

El 10% se basa en los diferentes tipos de crédito que tiene. Siempre es bueno ver una buena combinación. Si tiene deudas de tarjetas de crédito, una hipoteca y préstamos a plazos, demuestra que es versátil en lo que respecta al crédito y que puede manejar todo tipo de responsabilidades.

El 10% se basa en el nuevo crédito. Usted no quiere salir y solicitar un montón de préstamos para obtener un nuevo crédito, pero si tiene algún crédito nuevo, se ve muy positivo y podría tener un efecto positivo en su puntuación.

Disponer de información como ésta puede ser de gran ayuda para ver qué tipo de cosas intervienen realmente en la determinación de su puntuación de crédito. Como puede ver, todo es importante, pero ser capaz de ver exactamente dónde están sus puntos débiles puede darle un área específica en la que puede centrarse para mejorar.

Nadie conoce la fórmula exacta para calcular la puntuación de crédito. La Fair Isaacs Corporation es bastante hermética cuando se le pregunta por los algoritmos específicos que utiliza. Sin embargo, como puede ver en lo anterior, gran parte del peso se basa en su historial de pagos. Por eso es tan importante que encuentres la manera de pagar tus facturas tan pronto como venzan. Al hacer esto, puede estar seguro de que tendrá una ventaja cuando se trata de reparar su crédito.

¿Por qué debería preocuparme por tener un buen crédito?

Cuando usted solicita un crédito, un seguro, un servicio telefónico e incluso un lugar para vivir, los proveedores quieren saber si tiene un buen nivel de riesgo. Y para tomar esa decisión, utilizan las puntuaciones de crédito.

Una puntuación de crédito es un número. Una puntuación alta significa que tienes buen crédito. Una puntuación baja significa que tienes un mal crédito.

Una puntuación más alta significa que usted representa un riesgo menor y que tiene más probabilidades de obtener el producto o servicio, o de pagar menos.

Funciona de la siguiente manera: Los gestores de crédito extraen información de sus informes crediticios, como su historial de pagos, la antigüedad de sus cuentas, sus deudas impagadas y las acciones de cobro iniciadas contra usted.

Las puntuaciones de crédito pueden utilizarse de varias maneras. Estos son algunos ejemplos.

- Las compañías de seguros utilizan la información de su informe de crédito y la combinan con otros factores para predecir la probabilidad de que presente una reclamación al seguro y predecir la cantidad que podría reclamar. Tienen en cuenta esta información para decidir si le conceden el seguro y cuánto le cobrarán.

- Las empresas de servicios públicos utilizan las puntuaciones de crédito para decidir si exigen un depósito a los nuevos clientes para prestarles el servicio. Los proveedores de telefonía móvil y los propietarios que alquilan viviendas también utilizan las puntuaciones cuando consideran a un nuevo cliente o inquilino.

Cada tipo de empresa tiene diferentes sistemas de puntuación, y los modelos de puntuación crediticia también pueden basarse en otra información aparte de los datos de su informe de crédito. Por ejemplo, cuando solicita un préstamo hipotecario, el sistema puede tener en cuenta el importe del anticipo, el importe total de sus deudas y sus ingresos.

Acceso a las mejores tarjetas de crédito

Tener una buena puntuación de crédito es un factor esencial para tener la oportunidad de conseguir una tarjeta de crédito que ofrezca excelentes programas de recompensa en efectivo, increíbles ventajas, bajos tipos de interés y muchos otros. Además de pagar menos intereses y comisiones, tener acceso a la mejor tarjeta de crédito significa que puede obtener un límite de crédito mayor. Por lo tanto, puede tener libertad y flexibilidad para realizar las compras que desee sin la restricción financiera que supone un límite de crédito pequeño.

El aumento de su límite de crédito se traduce en un aumento de su solvencia a lo largo del tiempo. Esto demuestra a los bancos y a otras instituciones de crédito que usted es lo suficientemente maduro y puede manejar la responsabilidad de tener acceso a una gran cantidad de crédito.

Tener una buena puntuación de crédito puede ayudarle a descubrir tarjetas con tasas de devolución de dinero de hasta el 5% en diferentes lugares como restaurantes, tiendas de comestibles, plataformas de comercio electrónico, gasolineras y cualquier otro momento en que se utilice su tarjeta.

Fácil acceso al préstamo

Tener un mal historial crediticio hará que tenga miedo de solicitar una nueva tarjeta de crédito o un préstamo por temor a que se lo rechacen. Mantener una buena puntuación de crédito dice mucho sobre su responsabilidad crediticia. Cuando los bancos y las instituciones de crédito ven tu puntuación de crédito, pueden estar seguros de que no corren ningún riesgo y de que es probable que devuelvas el dinero que les pides que te presten. Aunque esto no garantiza una aprobación rotunda porque también se tienen en cuenta otros factores como tus ingresos, deudas, etc., sólo te proporciona una muy buena oportunidad de conseguir la aprobación.

Tipos de interés más bajos en los préstamos

El tipo de interés que tiene que pagar depende directamente de su puntuación de crédito. Supongamos que tiene una puntuación de crédito muy buena. En ese caso, es posible que no tenga que tener en cuenta el tipo de interés cuando solicite una tarjeta de crédito porque siempre podrá optar a los mejores tipos de interés y, por tanto, pagará unos gastos mínimos por los préstamos con tarjeta de crédito. Si quiere que su tipo de interés sea siempre bajo, necesita tener una buena puntuación de crédito.

Fácil aprobación para el alquiler de casas y apartamentos

Así que muchos propietarios de viviendas y apartamentos tienden a comprobar las puntuaciones de crédito por la misma razón que los prestamistas hacen de forma rutinaria. Temen que los inquilinos con mala puntuación crediticia sean incapaces de cumplir con el pago del alquiler y se evitan las molestias: evitan a los inquilinos de alto riesgo. Tener una mala puntuación de crédito en el pasado hace que el propietario piense que no podrás pagar en el momento estipulado, mientras que una buena puntuación de crédito dice lo contrario.

Mejores solicitudes de empleo

Sin embargo, este no es el único criterio que tienen en cuenta los empresarios, por lo que muchos de ellos acceden al historial crediticio de varios solicitantes de empleo durante sus procesos de solicitud, especialmente cuando el trabajo al que se opta requiere el manejo de dinero o el acceso a información financiera sensible de los clientes. La mayoría de los empleadores creen que tu capacidad para utilizar el crédito de forma responsable te hace más propenso a ser un empleado responsable.

Poder de negociación

Puede obtener una ventaja para negociar un tipo de interés más bajo en su préstamo estudiantil, en su nueva tarjeta de crédito o en su hipoteca, entre otros, si tiene una buena puntuación de crédito. Tener una tarjeta de crédito con un historial que no tenga ni un ápice de problemas le proporciona un mayor poder de negociación, necesario para conseguir las condiciones favorables que necesita. Por lo tanto, puede elegir cuidadosamente los términos que serán de gran ventaja para su circunstancia financiera actual.

¿Qué contiene un informe de crédito?

Hay muchas categorías diferentes en el informe y eso significa que tienes que sopesar diferentes cosas para asegurarte de que tu puntuación de crédito es lo suficientemente alta para que puedas conseguir las cosas que quieres.

Las mejores puntuaciones son las que superan los 900, pero no mucha gente es capaz de conseguirlo. Si tu puntuación es superior a 700, tienes un buen crédito y tienes prácticamente garantizado cualquier tipo de crédito que puedas solicitar. Pero hay que tener en cuenta que los diferentes tipos de compañías de tarjetas de crédito o de crédito

agencias querrán una puntuación diferente.

Si su puntuación está en los 600, tiene una buena oportunidad de obtener crédito en la mayoría de los lugares, pero no en todos. Sin embargo, esto no está garantizado. Hay muchas agencias que le considerarán un poco arriesgado.

Tu puntuación crediticia es una indicación del grado de riesgo que supone concederte un crédito. Cuando empiezas a obtener un crédito tienes una puntuación baja. Esto indica a la persona que comprueba tu puntuación que existe un alto nivel de riesgo. Por eso su puntuación es baja. A medida que vayas registrando más pagos, tu puntuación subirá porque el riesgo de que no pagues las cosas es cada vez menor.

Ahora bien, no son sólo los pagos atrasados o la falta de pagos los que contarán en tu contra en lo que respecta a tu puntuación de crédito.

Así que, vamos a desglosar un poco y mirar lo que está en su informe de crédito.

Estas son las peores cosas que puedes tener, juicios y embargos fiscales en tu contra. Cualquiera de ellos hará una gran mella en tu puntuación de crédito y seguirán actuando en tu contra durante mucho tiempo (hasta 7 años). Usted no quiere esto si puede evitarlo.

Lo siguiente son sus partidas de crédito. Se trata de tarjetas de crédito, préstamos, hipotecas y cualquier otra cuenta de crédito que haya tenido en el pasado. La mayoría de las cuentas que se consideran viejas (cerradas hace más de 10 años) no se reportarán a menos que usted haya tenido una colección presentada para esa cuenta.

Cada pago puntual contará a su favor y cada pago atrasado, falta de pago o cobro contará en su contra. También se informa de cada saldo y los saldos elevados también contarán en su contra.

Recuerde que dijimos antes que usted quiere tener un saldo de crédito disponible alto, pero también quiere tener un saldo bajo en el crédito que está usando. Lo que hace la agencia de informes crediticios es mirar cuánto puede gastar en todas sus tarjetas de crédito y sumarlo. Ese es tu saldo de crédito disponible. A continuación, miran cuánto dinero debes en cada una de esas tarjetas y lo suman todo.

La cantidad adeudada se divide por la cantidad disponible y ese es su porcentaje de saldo total. Usted quiere mantener este porcentaje bajo porque eso se refleja bien en su tarjeta de crédito. Un porcentaje alto se verá mal y bajará su puntuación de crédito.

La cantidad total de cuentas que tenga, así como los tipos de cuentas, también contarán para su puntuación. Le conviene tener un número moderado de cuentas (más de 10) siempre que pueda mantenerlas todas al día.

Por último, el número de consultas que tenga afectará a su puntuación. Usted quiere reducir la cantidad de consultas que tiene porque cada una es una pequeña marca en su cuenta. Lo que son es cada vez que usted solicita un crédito. Por eso quiere solicitar crédito con poca frecuencia y sólo si está seguro de que lo obtendrá. Obtener el crédito le ayudará a mejorar su puntuación más de lo que le perjudicará la consulta.

- Usted quiere asegurarse de algunas cosas importantes con respecto a su informe de crédito:

- ¿Tiene varias cuentas diferentes (10 o más)?

- Mantenga todas las cuentas al día

- Evite los registros públicos

- Mantenga un saldo disponible alto

- Mantenga bajo el saldo en uso

- No solicite un crédito a menos que sea necesario

- No solicite nunca un crédito si no está seguro de que se lo van a aprobar

- Impugne las cuentas que no sean correctas

- Realice los pagos de cualquier cuenta vencida y pague los cobros

Al hacer todas estas cosas, su puntuación de crédito aumentará con el tiempo. Tomará algo de tiempo y necesitarás trabajar en ello, pero serás capaz de hacer subir tu puntuación de crédito. Una vez que haya podido recuperar su puntuación, le resultará aún más fácil salir de las deudas y también empezará a ahorrar mejor.

La razón por la que su puntuación de crédito afectará a esto es porque su puntuación de crédito tiene mucho que ver con la aprobación de todo, desde las tarjetas de crédito hasta los préstamos para automóviles y la vivienda. También tiene que ver con las tasas de interés que te dan. No tener deudas significa tener más dinero para ahorrar.

Agencias de información crediticia

Hay tres agencias fundamentales de anuncios para el consumidor: Trans-Union, Equifax, y Experian (en el pasado conocido como T.R.W.). Estas tres agencias de información significativas tienen una cerradura en la industria de crédito reveladora y resumen más del 90 por ciento de la información del informe de crédito en los Estados Unidos. Debido a que cada una de las tres agencias rivalizan entre sí por una base de clientes similar, son increíblemente serias entre sí y no comparten información. La rivalidad ha llevado a estas agencias a ampliar sus distritos. Actualmente, las agencias dan información a los seguidores de todo el mundo. Las agencias están situadas en el beneficio, con ganancias que se originan en las personas y empresas que compran en ellas como su punto de acceso a la información del consumidor. Recuerde que una organización de información al consumidor se decide por la esmerada calidad, practicidad y precisión de la información al consumidor que reúne. La forma en que las agencias no imparten la información entre sí es un regalo y una injuria. Por ejemplo, si un informe muestra todos los registros estupendos, está en forma. Sin embargo, si otro informe muestra un registro horrible, te encuentras en una situación difícil. Muchas empresas y organizaciones compran en más de una oficina de detalles de crédito para abstenerse de cometer errores costosos al decidir el valor de crédito de un individuo. Como se aclara, las agencias consiguen que las empresas y organizaciones compren en ellas demostrando que sus informes de credito y archivos de credito son la informacion mas precisa y completa accesible sobre el consumidor (usted y yo).

La mejor organizacion de credito es la que reporta tanto la informacion negativa como la positiva con practicidad y precision. Las empresas y organizaciones dependen intensamente de la practicidad y exactitud de la información cuando se esfuerzan por tomar una decisión cualificada sobre el valor del crédito. Las agencias de crédito deben comunicar información veraz sobre la información de la fundación y la propensión al crédito de los consumidores. Dado que las agencias de credito comienzan a anunciar su experiencia de informacion y propensiones de credito de los consumidores de su primera comprension de credito, es esencial para construir o restaurar un fuerte establecimiento de los consumidores en un momento conveniente. Sin embargo, la creación y la restauración no es constantemente una tarea sencilla de abrazar. Darse cuenta de dónde acudir y qué buscar es fundamental para empezar con el pie derecho. Así que usted pregunta ¿cómo podría construir o restaurar mi's-mismo como un consumidor capaz de utilizar el crédito? Que tal si investigamos solo un par de pensamientos que pueden ser utiles para usted como un consumidor de credito confiable.

¿Dónde obtienen la información las agencias?

Hay un gran número de agencias de crédito situadas en todo Estados Unidos. La capacidad fundamental de una organización de crédito es acumular información sobre usted y poner esa información en un informe llamado informe de crédito o informe del consumidor. Un informe de crédito es un archivo que contiene un registro preciso del historial de pago de créditos al consumo de una persona. El informe lo genera la organización de crédito y es sólo uno de los fragmentos de Información que utiliza una persona ajena para decidir el valor crediticio de una persona. Debemos señalar aquí para el futuro que un informe de crédito es diferente de un expediente de consumo. Un expediente de consumidor es un surtido de la totalidad de la Información reunida sobre una persona por una organización de crédito. Su informe de crédito es una pieza invariable de su archivo de consumidor. La Ley de Informes de Crédito Justos es una ley que regula lo que las agencias de crédito pueden y no pueden hacer.

Un informe crediticio debe referirse al valor del crédito de un consumidor, a su situación crediticia, a su límite de crédito, a su carácter, a su reputación general, a sus cualidades personales o a su método de vida". Así que, por definición, las agencias de crédito tienen un amplio abanico del que pueden acumular información sobre usted. Recuerde que cada parte de su vida de consumidor y ciertas regiones de su vida privada están disponibles para las agencias de crédito. Un caso del tipo de información que una organización de crédito puede poner en su archivo de crédito y en su informe de crédito es el acto de componer cheques terribles. La composición de un cheque terrible piensa en su reputación general. Si una empresa informa de la composicion de un cheque terrible a una oficina de credito, la organizacion de credito tiene la opcion de poner esa informacion en su archivo de consumo y en su informe de credito. Desde que usted reconoce qué tipo de información pueden acumular las agencias de crédito, actualmente necesita saber de quién pueden obtener la información. Las agencias de crédito acumulan la información que necesitan de empresas, organizaciones, fuentes abiertas y privadas, y lugares de trabajo legislativos. Se trata de empresas, organizaciones, fuentes abiertas y privadas, y centros de trabajo legislativos similares a los que usted utiliza habitualmente. Las agencias de crédito solicitan puntos de los negocios, prometiendo información crediticia completa y precisa-así es como se juzga una oficina de crédito. Cuando la posición del negocio se une a una organización de crédito, los dos ofrecen información sobre usted que es crucial para los dos. La totalidad de los grupos solicitados por las agencias de crédito depende del cumplimiento y la precisión de la información acumulada para ayudarles en las elecciones, incluyendo el valor del crédito de una persona.

¿Qué es una buena puntuación de crédito?

En la economía actual, es mucho más difícil reunir los requisitos para obtener un préstamo. Actualmente se necesita una excelente puntuación de crédito para poder optar a la mayoría de los tipos de crédito. Entonces, ¿qué es una buena puntuación de crédito?

850 es un crédito inmaculado y la puntuación de crédito más elevada concebible; sin embargo, nunca he observado personalmente a nadie con un 850. Una buena puntuación de crédito comienza en el territorio de 670. Las puntuaciones inferiores a 670 no se consideran un buen crédito.

En general, los valores de la puntuación de crédito van de 300 a 850. Un valor más bajo significa que una persona es menos solvente, mientras que un valor más alto significa que es más solvente. Sin embargo, esta interpretación se ve ampliada por las empresas prestamistas que utilizan sus respectivos datos financieros sobre sus clientes. En lugar de referirse a una puntuación de crédito alta o baja, han desarrollado ciertos tramos que explican la solvencia de una persona. A continuación se explica lo que significa cada rango de puntuación crediticia:

- Una puntuación crediticia de entre 751 y 800 permite a un prestatario solicitar un crédito con el tipo de interés más bajo y el importe más competitivo, ya que las empresas prestamistas tienen la seguridad de que no incumplirá sus obligaciones monetarias. Muchos consideran esta puntuación como la mejor. Alguien que obtiene una puntuación dentro de este rango puede estar casi seguro de que su solicitud será concedida.

- Una puntuación de crédito de entre 711 y 750 permite al prestatario solicitar un crédito a tipos de interés competitivos. Aunque la situación crediticia de la persona es relativamente buena, se le aplicará un tipo de interés ligeramente superior al de alguien con una puntuación de 751 o superior. Alguien que obtiene una puntuación en este rango consigue una posición crediticia relativamente buena.

- Una puntuación de 651 a 710 permite al prestatario solicitar un crédito a un tipo de interés moderado. Esta es la puntuación normal que los solicitantes deben obtener para asegurarse de que su solicitud será concedida.

- Un puntaje de crédito de 581 a 650 puede solicitar un crédito, pero debe obtenerlo a tasas de interés altas. Esto se debe a que en este rango, la posibilidad de riesgos y pérdidas es cada vez mayor.

- Una puntuación de crédito de 300-580 no permite a una persona solicitar un crédito. Su solicitud puede ser concedida, pero sólo pueden disponer de él si están dispuestos a pagar el tipo de interés más alto. Esto se debe a que en este rango, la posibilidad de pérdidas es muy alta.

Sin embargo, hay que tener en cuenta que no existe un método general para determinar la puntuación de crédito de una persona. Su cálculo depende de la empresa que lo evalúe. Su puntuación de crédito puede ser diferente cuando es evaluada por diferentes empresas, pero también el rango de las puntuaciones puede ser interpretado para significar la misma cosa debido a los elementos considerados en la evaluación.

Por ejemplo, su puntuación puede ser de 375 en una empresa y de 340 en otra, pero ambas puntuaciones significan que es menos solvente y que tiene que reparar su puntuación de crédito rápidamente.

Conclusión:

Después de leer este plan, tienes que elaborar un plan financiero que te ayude a empezar a pagar tus tarjetas de crédito de forma estratégica. Luego tienes que asegurarte de que, pase lo que pase, sigues este plan. Incluso si te encuentras en una situación de emergencia después de unos meses cuando tu coche se estropea, debes encontrar otra manera de conseguir tu financiación de emergencia. Es importante que continúe haciendo más que el pago mínimo a tiempo con todas sus tarjetas de crédito. Cuantas menos cuotas tenga que añadir a su saldo, más rápido podrá saldar la deuda de su tarjeta de crédito.

Otra forma de reducir la deuda de la tarjeta de crédito rápidamente, especialmente si está en descubierto y no ha realizado algunos pagos, es ponerse en contacto con la compañía de la tarjeta de crédito. Aunque mucha gente no se da cuenta, la mayoría de las compañías de tarjetas de crédito quieren trabajar con usted. La razón número uno para esto es que quieren mantenerte como cliente, básicamente, para poder seguir recibiendo tu dinero. Una estrategia a utilizar es llamar y decir que le gustaría cerrar su cuenta. Entonces tratarán de centrarse en mantener su cuenta abierta, lo que suele dar lugar a que le retiren algunas comisiones por impago o por sobrepasar el límite. Otra estrategia que se puede utilizar es simplemente explicarles lo que ha sucedido, por qué te has retrasado, y decirles que quieres poner tu cuenta al día. Suelen estar dispuestos a rebajar algunas comisiones o tanto dinero si estás dispuesto a pagar una determinada cantidad ese mismo día.

No lo dudes, pon en práctica inmediatamente todas las nociones del libro y mejora tu puntuación de crédito.

CPSIA information can be obtained
at www.ICGtesting.com
Printed in the USA
BVHW070307130521
607127BV00001B/4